빙글빙글
순우리말
놀이

으뜸과버금가는아이들

빙글빙글
순우리말
놀이

걸음마 엮음

머리말

　순우리말은 우리말 중에서 고유어만을 이르는 말입니다. 즉 한자어로 이루어진 것이 아닌 우리 겨레의 본딧말로 '아버지', '어머니', '하늘', '땅' 같은 것입니다. 우리말이 처음 쓰이기 시작했을 때는 대부분 순우리말이었습니다. 그러다가 중국과 교류하면서 한자어가 우리말에 많이 들어오게 되었습니다.

　한자어가 우리말에 들어와 자리를 잡는 과정에서 순우리말은 많이 사라지기도 하고, 크게 위축되기도 했습니다. 사전 속에 꼭꼭 숨어 있기라도 한 듯 흔하게 쓰지 않습니다.

　그래서 사전이나 문학 작품에는 나오지만, 우리가 모르는 순우리말이 너무 많습니다. 말은 사용하지 않으면 사라지게 됩니다. 그리고 새로운 말이 생기기도 합니다. 아름다운 순우리말이 생기기보다는 흔히 외래어 비슷한 말이 생깁니다. 어려운 한자어와 영어가 뒤섞여 있어 이게 과연 정상적인 우리말인지 의심이 들기도 합니다.

　'빙글빙글 순우리말 놀이'는 230개의 순우리말을 쉽고 재미있는 설명으로 구성해서, 읽다 보면 순우리말의 아름다운 매력을 느끼고 자연스럽게 순우리말 뜻을 익힐 수 있습니다.

목차

1. ㄱ, ㄴ, ㄷ 으로 시작하는 순우리말 - 8

2. ㅁ, ㅂ, ㅅ 으로 시작하는 순우리말 - 90

3. ㅇ, ㅈ, ㅊ 으로 시작하는 순우리말 - 168

4. ㅋ, ㅌ, ㅍ, ㅎ 으로 시작하는 순우리말 - 204

초등교과연계
<국어 2-1> 말놀이를 해요
<국어 2-1> 친구들에게 알려요
<국어 3-1> 반갑다, 국어사전
<국어 4-1> 자랑스러운 한글
<국어 5-1> 글쓰기의 과정
<국어 5-1> 아는 것과 새롭게 안 것
<국어 5-2> 우리말 지킴이
<국어 6-2> 관용표현을 활용해요

팔을 어깨 위로 쳐들고 나비잠을 자던
갓난아이가 얼굴을 심하게 구기며
울기 시작했다.
<박완서, 미망>

1. ㄱ, ㄴ, ㄷ 으로 시작하는 순우리말

1. 가닐거리다

 열심히 바닥을 기어 다니는 개미가 내 몸을 타고 올라와 기어 다닌다고 상상해 보세요. 간지럽고 자릿한 느낌이 들겠죠? '가닐거리다'라는 말은 벌레가 기어가듯 살갗이 간지럽고 자릿한 느낌이 계속 일어난다는 뜻이에요.

2. 가댁질

 가댁질은 '숨바꼭질'이나 '무궁화 꽃이 피었습니다'처럼 서로 잡으려고 쫓고, 이리저리 피해 달아나며 뛰노는 장난이에요. 가댁질은 재미있지만, 집안에서 하면 안 되겠죠?

3. 가람

 넓고 길게 흐르는 큰 물줄기를 우리는 강이라고 부르죠. 옛날에는 강을 가람이라고 불렀어요. 한글이 없던 시절에 이것을 한자 강(江)으로 쓰다가 세월이 흐르면서 가람은 사라지고 강만 남았지요.

4. 가랑눈

　우리 친구들은 '겨울'하면 무엇이 가장 먼저 떠오르나요? 겨울에만 내리는 '눈'이 떠오르지 않나요? 큰 눈송이가 펑펑 내리는 함박눈은 겨울에만 볼 수 있는 멋진 광경이지요. 하지만 함박눈보다는 조금씩 잘게 내리는 경우도 많지요. 이런 눈을 가랑눈이라고 한답니다.

5. 가랑비

 가랑눈이 잘게 내리는 눈이라면 가랑비는 가늘게 내리는 비예요. 실같이 내린다고 해서 실비라고도 말해요. 비슷한 말로 이슬비가 있는데 이슬비는 가랑비보다는 더 가늘게 내리는 비를 부를 때 쓴답니다.

6. 가을부채

무더운 여름 더위를 이겨 내기 위해 부채나 선풍기, 에어컨을 사용하지요. 하지만 이런 물건들은 선선한 가을이 되면 필요 없어져요. 이처럼 철이 지나 쓸모없게 된 물건을 가을부채라 한답니다.

7. 가재걸음

　가재가 걷는 모습을 본 적 있나요? 가재는 특이하게 뒤로 걷는답니다. 가재걸음은 뒷걸음질하는 걸음을 의미하면서 일 처리가 느리거나, 실력이 향상하지 못할 때 비유적으로 사용해요. 우리 친구들 공부 성적은 가재걸음 해선 안 되겠죠?

8. 가탈

　가탈이라는 말에는 두 가지 뜻이 있어요. 하나는 우리가 어떤 일을 할 때 일이 쉽게 잘 진행되지 않도록 자꾸 방해하는 것들을 의미해요. 또 다른 하나는 괜히 억지 트집을 잡아 까다롭게 구는 것을 의미해요. 혹시 "저 친구는 정말 까탈스러워."라는 말을 들어 본 적 있나요? 가탈과 까탈은 뜻이 같은 말이랍니다.

9. 감또개

 가을이 되면 감나무에 탐스럽고 맛있는 감들이 주렁주렁 매달리지요. 이런 감을 따서 말랑말랑하게 익힌 것을 홍시라고 한답니다. 그렇지만 감이 막 달릴 무렵 바람이 분다거나 비가 오면 감꽃과 함께 어린 감들이 채 익기도 전에 떨어지고 맙니다. 꽃과 함께 떨어진 이 어린 감들을 감또개라고 말해요.

10. 갓밝이

 갓밝이는 '밝다' 앞에 '지금 막'이라는 뜻을 가진 꾸밈말 '갓'이 붙어서 만들어진 말이에요. 그렇다면 하루 중에 날이 막 밝아지는 때는 언제일까요? 해가 붉게 떠오르기 시작하여 서서히 밝아지는 무렵인 새벽이지요. 이때가 갓밝이랍니다.

11. 개미장

　개미들이 줄지어 먹이를 옮기는 모습을 본 적 있나요? 개미장은 큰비나 장마가 오기 전에 개미들이 줄을 지어 먹이를 나르는 모습이 마치 시장이 열린 것 같다 해서 생긴 말이에요.

12. 개밥바라기

 개밥바라기는 밤하늘에 가장 빛나는 '금성'을 뜻하는 말이에요. 해가 진 뒤 서쪽 하늘에 뜨면 개밥바라기, 새벽에 동쪽 하늘에 반짝이면 샛별, 또는 계명성이라고 부른답니다. 오늘 밤엔 저녁 하늘에 빛나는 개밥바라기를 밤하늘에서 찾아보세요.

13. 개울

숲속 옹달샘이나 샘물은 도랑으로 흐르고, 도랑이 모여 개울이 된답니다. 또 개울이 모여 강을 이루지요. 개울은 골짜기나 들에 흐르는 작은 물줄기를 의미해요. 개울 속에는 작은 물고기와 올챙이들이 살아서 <올챙이와 개구리>라는 노래도 만들어진 거랍니다. 개울가에~ 올챙이 한 마리~ 신나는 노래 부르면서 개울에 올챙이 잡으러 가볼까요?

14. 갯바위

바닷가에는 하얀 모래사장이 눈부시게 펼쳐져 있는 곳도 있지만 바위가 더 많은 곳도 있어요. 바닷물이 드나드는 갯가에 서 있다고 해서 이런 바위들을 갯바위라고 한답니다. 갯바위 주변에서는 바위에 붙은 굴을 캐는 사람이나 바위에 서서 낚시를 하는 사람을 볼 수 있답니다.

15. 거푸집

 옛날에는 호미, 낫, 칼과 같은 쇠로 된 물건을 어떻게 만들었을까요? 쇠나 구리는 아주 높은 온도에서 녹이면 물처럼 변해요. 이 쇳물을 만들고 싶은 물건의 모양과 똑같이 생긴 틀에 부어 열을 식힌 후 틀을 빼면 물건만 남겠지요. 이 틀이 바로 거푸집이랍니다. 거푸집은 쇠로 물건을 만들 때 꼭 필요한 도구예요. 붕어빵이나 국화빵을 만드는 틀을 생각하면 더 쉽게 이해가 될 거예요.

16. 건들바람

 여름이 지나고 초가을에 들어서면 우리를 덥게 만들던 더운 바람은 사라지고, 선들선들 시원한 바람이 불기 시작해요. 이렇게 초가을에 부는 바람을 건들바람이라고 부른답니다. 건들바람이 불고 나면 금방 차가운 겨울바람이 불기 시작해 '덧없이 왔다 가는 바람'을 뜻하기도 해요.

17. 겉눈썹

눈썹은 눈썹이 난 위치에 따라 겉눈썹과 속눈썹으로 나뉘어요. 겉눈썹은 두 눈두덩 위, 이마 아래에 가로로 모여 난 짧은 털을 뜻해요. 속눈썹은 눈시울에 난 털을 뜻해요. 눈썹의 모양에 따라 얼굴이 달라 보이기 때문에 어떤 사람들은 일부러 눈썹을 다듬기도 하고 그리기도 한답니다.

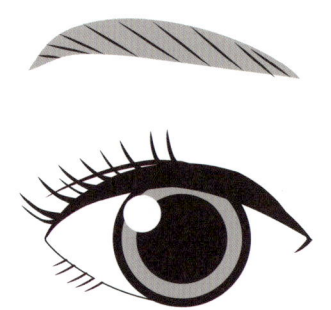 

18. 고명딸

'옆집 현진이는 고명딸로 태어나 오빠들의 사랑과 귀여움을 독차지하며 자랐데.' 우리 친구들 고명딸이라는 말 들어본 적 있나요? 아들만 줄줄이 있는 집에 딸 하나만 있을 경우 고명딸이라고 부른답니다. 아들을 귀하게 여겼던 옛날에도 아들만 있는 집에 태어난 고명딸은 부모님과 오빠의 귀여움을 독차지했어요.

19. 고뿔

 고뿔은 감기를 뜻하는 우리말이에요. 감기에 걸리면 콧물이 주룩주룩 흐르고, 이마는 뜨끈뜨끈하게 열이 나고, 목은 간질간질하면서 기침이 나지요. 우리 친구들은 고뿔에 안 걸리게 외출 후 집에 들어가면 손을 잘 씻도록 해요.

20. 고샅

고샅은 시골 마을의 좁은 골목길을 의미해요. 아파트와 높은 건물로 둘러싸여 큰 길이 일정하게 있는 도시와 달리 집들이 옹기종기 들어선 시골 마을은 좁은 골목길이 많이 있지요. 비슷한 말로 실골목이 있는데 실골목은 구불구불하고 좁은 골목이 고샅보다 길게 이어진 길을 의미해요.

21. 곰비임비

　곰비임비는 물건이 거듭 쌓이거나 일이 계속 일어나는 모양을 표현할 때 사용하는 말이에요. 빙글빙글 순우리말 놀이를 다 읽으면, 우리 친구들의 순우리말 실력이 곰비임비 늘겠죠?

22. 곰살궂다

'너는 참 곰살궂어.' 친구가 나에게 이렇게 말했는데 곰살궂다니 무슨 말일까요? 곰살궂다는 태도나 성품이 부드럽고 친절하다는 뜻입니다. '너는 참 곰살궂어.'라고 친구가 나에게 말했다면 나를 칭찬해 주는 말이니 기분 좋게 들으면 된답니다.

23. 괴발개발

　괴발개발은 고양이의 발과 개의 발이라는 의미로 글씨를 되는 대로 아무렇게나 써 놓은 모양을 뜻해요. 괴발개발인 낙서처럼 보이는 글씨보다 깔끔하고 예쁜 글씨가 더 보기 좋겠지요?

24. 구메구메

구메구메는 남모르게 틈틈이 무언가를 했다고 표현할 때 사용하는 말이에요. 내 친구는 나랑 같이 매일 노는데 시험을 보면 점수가 잘 나오는 거 같다는 생각이 든다면 친구가 구메구메 열심히 공부했는지 알아보세요.

25. 구순하다

 형제자매끼리 구순하게 지내는 집이 있는가 하면, 서로 미워하고 매일 싸우는 집도 있지요. 집안 식구끼리, 또는 가까이 지내는 사람끼리 사이좋게 지내서 화목한 것을 '구순하다'라고 표현해요.

26. 귀잠

 밤에 잠을 제대로 못 자면 다음 날 온종일 피곤하고 무기력하지만, 깊이 푹 자고 일어나면 생기 넘치는 하루를 보낼 수 있죠. 그래서 깊이 든 잠을 귀한 잠이라 해서 귀잠이라 부른답니다.

27. 글구멍

 글구멍은 글이 들어가는 머리 구멍이라는 뜻으로 글을 잘 이해하는 지혜를 의미해요. '드디어 글구멍이 트이기 시작했다.'에 쓰인 글구멍은 글을 이해하는 통로나 글을 잘 이해하는 지혜라는 뜻이랍니다.

28. 길차다

 하늘 높이 쭉쭉 곧게 뻗은 대나무 숲에 가본 적 있나요? 대나무 숲에 가면 푸른 하늘까지 길게 자란 매끄러운 대나무들이 끝없이 이어져 있지요. 길차다는 대나무처럼 아주 훤칠하게 긴 것을 나타낼 때 사용하는 말이에요.

29. 까치발

 친구와 누구 키가 더 큰지 내기할 때 발뒤꿈치를 들면 반칙이라고 소리치지요. 까치발은 발뒤꿈치를 든 발을 의미한답니다. 높은 곳에 있는 물건을 꺼내고 싶은데 팔을 뻗어도 닿지 않을 때 우리는 자연스럽게 까치발을 하게 되지요.

30. 까치밥

가을에 시골을 가면 감나무에 감을 모두 다 따지 않고 몇 개 남겨놓은 모습을 볼 수 있을 거예요. 따지 않고 남겨놓은 감은 까치 같은 새들이 지나가다 먹으라고 남겨놓은 것이지요. 그래서 까치밥이라고 부른답니다. 동물들에게 먹을 것을 나누는 조상들의 후덕한 인심을 우리는 까치밥이라는 단어 속에서 느낄 수 있어요.

31. 깜냥

 어떤 자격을 갖춘 사람을 언급할 때 장군감이다, 대통령감이다 등 '감'이라는 말을 사용하지요. 이럴 때 쓰이는 '감'과 수량을 나타내는 말인 '양'이 더해져 '깜냥'이라는 말이 생겼어요. 그래서 깜냥은 자기 능력을 헤아릴 수 있는 능력이라는 뜻으로 사용해요.

32. 깨끼발

 깨끼발은 한 발은 들고 나머지 한 발로 선 자세를 말해요. 친구들과 깨끼발로 깡충깡충 뛰면서 놀다 보면 정말 힘들지요. 대신 우리 몸은 좀 더 튼튼해질 거예요. 한 발로 서 있으려면 균형도 잘 잡아야 하고 다리 힘도 있어야 하기 때문이죠. 가끔은 두 발로만 뛰지 말고 깨끼발로 뛰어보세요.

33. 꼼수

　학교에서 시험을 앞두고 공부를 할 생각보단 친구 답안지를 훔쳐보거나 미리 답을 다른 곳에 적어서 베낄 생각을 한 적 있나요? 능력이나 실력이 있는 사람은 무슨 일이든 정정당당하게 처리하지만, 그렇지 않은 사람은 얕은 수나 꾀를 써서 처리하지요. 이처럼 아주 쩨쩨한 수단이나 방법을 꼼수라고 해요.

34. 꽃샘바람

꽃샘은 꽃을 시샘한다는 뜻이에요. 꽃이 피는 것을 시샘하듯 부는 차가운 바람을 꽃샘바람이라 부르고, 같이 찾아온 추위를 꽃샘추위라 부르지요.

35. 꽃숭어리

　우리 친구들은 라일락이나 아까시나무 향기를 맡아본 적 있나요? 봄에 피는 라일락, 여름에 피는 아까시나무의 향은 정말 달콤하답니다. 라일락이나 아까시나무처럼 많은 꽃송이가 뭉쳐 달려있는 덩어리를 꽃숭어리라고 말해요. 꽃숭어리를 작고 귀엽게 표현한 말을 '꽃송아리'이고요. 봄이 되면 이제 막 터져 오르는 꽃숭어리를 가족들과 함께 구경하러 가보세요.

36. 나들목

아침 뉴스 중 교통상황 안내방송에서 '나들목'이라는 말을 들어본 적 있나요? 나들목은 글자 그대로 나가고 들어오는 길목이라는 뜻이에요. 차를 타고 가다 보면 나들목이 많이 있지요. 앞으로 우리 친구들은 I.C.라는 영어 표현보다 예쁜 우리말인 나들목을 쓰도록 해요.

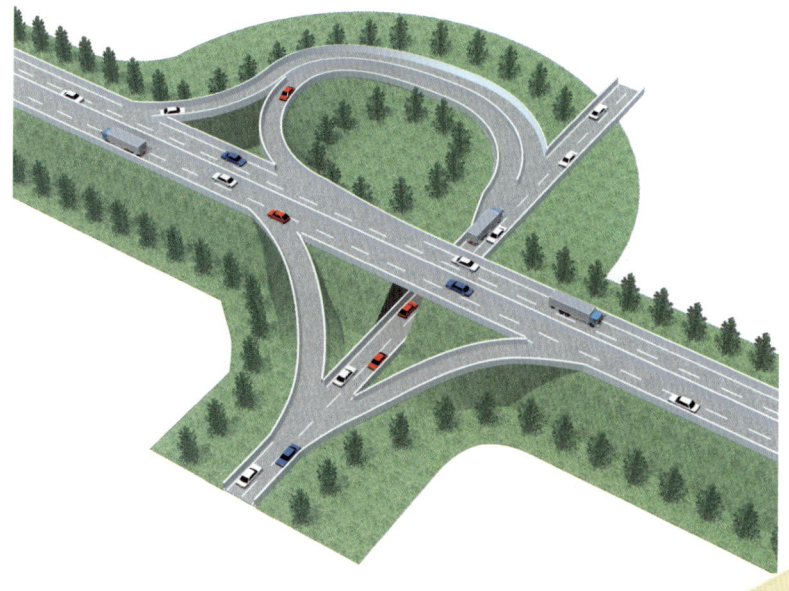

37. 나들잇벌

　우리 친구들은 가장 좋아하고 아끼는 옷이나 신발이 있나요? 소풍을 가거나, 여행을 갈 때 그런 날은 특별히 아끼는 옷이나 신발을 신고 나들이를 가지요. 나들잇벌은 나들이할 때 신는 좋은 옷과 신발을 모두 묶어서 부르는 말이에요.

38. 나무초리

　나무초리는 나뭇가지의 가느다란 끝부분을 뜻해요. 초리는 '회초리', '눈초리'와 같이 길고 가느다란 것을 나타내지요. 짐승에게는 꼬리가 있고, 새에게는 꽁지가 있듯이, 나뭇가지마다 초리가 있답니다.

39. 나비잠

 갓난아이가 자는 모습을 보면 정말 예쁘고 사랑스러운 천사 같지요. 두 팔을 위로 벌리고 자는 모습은 마치 나비가 날개를 펴고 훨훨 나는 것 같아요. 이렇게 자는 모습을 두고 나비잠을 잔다고 한답니다.

40. 나우

나우는 조금 더 괜찮게, 조금 더 많이라는 뜻이에요. '배가 고프니 밥을 나우 담아라.' 이렇게 썼던 말인데 요즘은 '잘'이나 '많이' 등 다른 말을 더 사용하지요.

41. 난딱

숙제는 정말 하기 싫은 일 중 하나예요. 숙제보단 게임을 하거나 TV를 보며 놀고 싶죠. 하지만 숙제를 난딱 끝내고 나면 더 즐겁게 놀 수 있어요. '난딱'이 뭐냐고요? 난딱은 '냉큼 딱'이에요. 우리 친구들은 무슨 일이든 미루는 일 없이 난딱 끝내기로 약속해요.

42. 난바다

 육지에서 가까이 있는 바다를 '앞바다'라 하고, 육지에서 멀리 떨어져 있는 넓은 바다를 '난바다'라고 불러요. 마을에서 멀리 떨어진 넓은 들이라는 뜻의 '난들', 마을에서 멀리 떨어져 있는 벌판이라는 뜻의 '난벌'이라는 말에서 쓰인 '난'도 비슷한 의미로 사용된 거랍니다.

43. 낟가리

　우리가 매일 먹는 밥에 들어가는 쌀은 벼에 달리는 열매의 껍질을 벗긴 거예요. 껍질을 벗기지 않은 상태를 낟알이라 부르지요. 지금은 기계로 낟알을 떨어내지만, 옛날에는 기계가 없었기 때문에 사람들이 직접 낟알을 떨어냈어요. 그래서 추수를 마치고도 한동안은 아직 낟알을 떨어내지 못한 곡식을 논이나 밭에 쌓아 두었지요. 이렇게 쌓아 둔 곡식을 낟가리라 불러요.

44. 날숨

우리는 태어나서 죽을 때까지 한순간도 쉬지 않고 숨쉬기 활동을 해야 한답니다. 숨에는 두 종류가 있어요. 신선한 산소를 외부로부터 들이마시는 '들숨'과 몸속의 이산화탄소를 밖으로 내뿜는 '날숨'이랍니다.

45. 남새

　남새란 사람이 직접 키운 채소를 의미해요. 사람이 키우지 않고 산과 들에서 저절로 자란 나물들은 '푸새'라고 불러요. 요즘은 '채소'나 '야채'라는 말을 더 많이 쓰지만, 우리 친구들은 남새라는 순우리말을 알게 되었으니 사용하면 좋겠지요?

46. 내리사랑

　내리사랑은 손윗사람의 손아랫사람에 대한 사랑을 뜻해요. 특히, 자식에 대한 부모의 사랑을 말할 때 많이 사용하지요. 우리 친구들은 부모님에게 받은 내리사랑으로 다른 사람에게도 사랑을 전하는 사람이 되었으면 좋겠어요.

47. 너나들이

우리는 어른에게 존댓말을 쓰며 예의 바르게 대화하죠. 하지만 친구들에게는 존댓말을 쓰지 않아요. 존댓말을 쓰지 않은 건 그만큼 친한 사이라는 거죠. 서로 너니 나니 하고 부르며 허물없이 말을 건네며 지내는 사이를 너나들이라고 부른답니다.

48. 너누룩하다

큰 병이 깊어지면 회복할 가능성이 거의 없지요. 물론 기적같이 회복해서 잠시 괜찮아 보이기도 하지만 안심할 수는 없어요. 이렇듯 병에 걸려 심각하던 상태가 잠시 괜찮아지는 모습을 '너누룩하다'라고 표현해요.

49. 너울

바다에서 일어나는 물결을 흔히 한자어로 파도라고 불러요. 하지만 우리말에는 세기와 모양에 따라 물결의 이름을 여러 가지로 부른답니다. 그중에서 가장 거칠고 사나운 바다 물결을 너울이라고 불러요. 바람이 세게 불 때, 뱃전이나 방파제에 부딪혀 하얀 물보라를 일으키는 거친 파도가 바로 너울이랍니다.

50. 넉살

 넉살은 부끄러운 기색이 없이 비위 좋게 구는 행동이나 성품을 말해요. 처음 보는 사람과 잘 어울리는 사람을 보고 넉살 좋다고 말하지요. 하지만 너무 넉살이 좋으면 뻔뻔하게 보일 수도 있답니다.

51. 넉장거리

 넉장거리란 네 활개를 벌리고 뒤로 벌렁 나자빠지는 것을 말해요. 네 활개를 다 벌린다는 것은 양쪽 팔과 양쪽 다리를 다 벌린다는 의미예요. 팔다리를 다 벌리고 뒤로 넘어지는 모습을 상상해 보면 정말 우스꽝스럽네요.

52. 눅지다

 찬 바람이 쌩쌩 부는 겨울이 아무리 추워도 겨우내 매일매일 춥지는 않아요. 겨울 중에도 조금은 따뜻한 날이 있지요. 이렇게 추운 날씨가 누그러지는 것을 '눅지다'라고 한답니다.

53. 눈부처

　눈부처라는 말을 보면 꼭 눈으로 만든 부처님이라는 생각이 들지 않나요? 눈으로 만든 부처님이 아닌 눈동자에 비쳐 나타난 사람의 모습을 눈부처라고 한답니다. 아직 눈부처를 본 적이 없다면 가족들이나 친구들과 함께 눈싸움을 한번 해보세요.

54. 눈엣가시

　우리 눈에는 먼지 같은 여러 이물질이 들어가기 쉬워요. 눈에 가시가 들어간다면 정말 아프고 성가시겠지요? 그래서 눈에 들어간 가시처럼 성가시고 거슬리는 사람을 표현할 때 눈엣가시라는 말을 쓴답니다.

55. 다락같다

다락은 한옥에서 부엌 천장 위의 공간을 이층처럼 만들어 물건을 넣어 두는 곳이에요. 아주 높고 넓은 것이 특징이지요. 그래서 '다락같다'라고 하면 다락처럼 덩치나 규모가 크고 높다는 뜻으로 사용한답니다.

56. 다복다복

다복다복은 풀이나 나무 같은 것이 여기저기 아주 탐스럽게 소복한 모양을 나타내는 말이에요. '예쁜 꽃이 많이 피어있습니다'라는 표현을 '예쁜 꽃이 다복다복 피어 있습니다' 이렇게 사용하면 느낌이 다르지 않나요? 아름다운 우리말을 많이 알면 우리 친구들의 표현력도 풍부해질 거예요.

57. 다부지다

 다부지다는 '벅찬 일을 견디어 낼 만큼 굳세고 야무지다', '일을 해내는 솜씨나 태도가 빈틈이 없고 야무진 데가 있다', '생김새가 옹골차다'라는 세 가지 뜻을 가지고 있어요. 우리 친구들도 어떤 일이든 굳세게 이겨 내도 야무지게 처리하는 다부진 사람이 되었으면 좋겠어요.

58. 닦달

'남준이가 지민이를 어찌나 닦달했는지 풀이 확 죽었어'에서처럼 남을 윽박지르거나 몰아대는 것을 닦달이라고 해요. 그런데 닦달에는 두 가지 뜻이 더 있어요. '물건을 손질하고 매만지다', '음식으로 쓸 것을 미리 요리하기 좋게 다듬다'라는 뜻이 있지요. 이렇게 다양한 뜻이 있다 보니 닦달해서 좋은 경우도 있고 나쁜 경우도 있으니 잘 구별해서 사용해야겠어요.

59. 달곰하다

 정말 좋아하고 맛있는 음식은 계속 입에 당겨서 많이 먹지 않나요? 그런 걸 감칠맛이라 하지요. '달곰하다'는 그런 계속 당기는 감칠맛이 있게 달다는 뜻이에요. 어떤 음식을 먹었는데 '달곰하다'라고 맛 표현하기에 아쉬울 때 '달곰하다'는 표현을 써보면 어떨까요?

60. 달구질

'달구'는 땅을 단단히 다지는 데 쓰는 도구인데 아마 우리 친구들은 본 적이 없을 거예요. 여러 사람이 달구를 함께 힘껏 들어 올렸다가 땅에 세차게 떨어뜨리면서 땅을 평평하게 다지는 것, 이것이 달구질이에요. 요즘은 기계로 땅을 평평하게 다져서 달구를 직접 쓰는 사람이 없다 보니, 달구질이라는 말은 점점 사라지고 있어요.

61. 달무리

구름이 해나 달의 표면을 가릴 때, 그 주변에 생기는 둥근 테를 '무리'라고 불러요. 해 주변에 생기는 무리를 '햇무리', 달의 주변에 생기는 무리를 '달무리'라고 한답니다. 밤하늘에 달무리가 보이면 그다음 날 비가 오는 경우가 많아요. 일기예보가 없던 옛날에는 달무리를 보고 비가 올지 안 올지 예상했답니다.

62. 달아다니다

'달아다니다'는 빠른 걸음으로 다니는 것을 말해요. 평소에는 천천히 걸어도 바쁘거나 급한 일이 있으면 빨리 걷게 되지요. 그래서 '달아다니다'에는 바쁘게 돌아다니다는 뜻도 있어요.

63. 달이다

 우리 친구들은 한약을 먹어 본 적 있나요? 까맣고 쓴 한약을 먹는 건 정말 쉬운 일이 아니지요. 한약은 먹기도 힘들지만 만드는 과정도 쉽지 않아요. 약의 재료를 오랜 시간 동안 불을 잘 조절하면서 끓여야 하기 때문이지요. 이렇게 무언가를 오랜 시간 끓여서 진하게 만드는 것을 달인다고 말한답니다.

64. 대궁

 학교에서 급식을 먹거나, 음식점에 가면 '잔반 남기지 않기'라는 문구를 본 적 있을 거예요. 잔반은 '먹다가 남긴 밥'이라는 뜻이지요. 잔반을 우리말로 하면 '대궁' 또는 '대궁밥'이라 불러요. 식사할 때 대궁이 남지 않도록 욕심부리지 말고 먹을 수 있는 양만 맛있게 먹도록 해요.

65. 대살

 운동을 열심히 한 사람들 몸을 보면 정말 감탄이 저절로 나오지요. 그런 사람들의 몸을 만져보면 웬만큼 만져서는 들어가지도 않을 정도로 탄탄한 근육이 있어요. 이처럼 단단하고 야무지게 찐 살을 '대살'이라고 불러요.

66. 대중

 우리는 어떤 물건의 무게나, 길이 등을 알고 싶을 때 저울이나 자 같은 도구를 사용해서 측정하지요. 그런데 대중은 이런 도구를 사용해서 정확한 값을 측정하는 것이 아니라 대강 어림잡아 헤아리는 것이에요. 눈으로 어림잡아 헤아리는 것을 눈대중, 손으로 쥐거나 들어 보아 어림으로 헤아리는 것을 손대중이라고 해요.

67. 더펄이

 마음이 들떠서 침착하지 못하고 경솔하게 행동하는 모습을 '더펄더펄'이라 말해요. 이런 뜻을 가진 '더펄'에 '이'가 붙어 성격이 침착하지 못하고 덜렁대는 사람을 더펄이라고 부른답니다. 비슷한 뜻을 가진 말로는 '덜렁이', '덜렁쇠'가 있어요.

68. 덤터기

 자기 잘못을 다른 사람에게 떠넘기는 사람을 본 적 있나요? 이런 사람을 보면 정말 얄밉고 화가 나지요. 이렇게 남에게 넘겨씌우거나 남에게서 넘겨받은 허물, 걱정거리, 억울한 누명을 덤터기라고 말해요. 우리 친구들은 잘못한 일이 생겼을 때 다른 사람에게 덤터기를 씌우면 안 되겠지요?

69. 데면데면

 친밀감을 갖고 상냥하게 대해야 상대에게 호감을 줄 수 있어요. 만약 덤덤하게 상대를 대한다면 좋은 관계로 발전하기 어렵겠지요. '데면데면'은 사람을 대하는 태도가 친밀감이 없이 어색한 모습을 표현할 때 사용하는 말이에요.

70. 뎬겁하다

 학교 끝나고 집에 왔는데 숙제를 해야 될 교과서를 두고 왔거나, 과자를 사러 슈퍼에 갔는데 지갑이 없어졌다면 무척 놀라고 당황하겠지요? 생각하지 못했던 일로 놀라서 허둥지둥하는 것을 '뎬겁하다'라고 말해요. 당황하다는 말과 같은 뜻이지만, 더 놀라고 허둥지둥하는 상황에서 사용한답니다.

71. 도담도담

 도담도담은 어린아이가 탈 없이 잘 놀며 자라는 모양을 뜻하는 말이에요. 모든 부모님은 자식들이 아프지 않고 건강하게 잘 크길 바라지요. 우리 친구들은 모두 도담도담 자라기 위해 편식하지 않고, 잠도 푹 자고, 운동도 열심히 하기로 약속해요.

72. 돋을볕

아침에 해가 솟아오를 때의 햇볕을 '돋을볕'이라고 불러요. 간밤의 어둠을 밀어내면서 부드럽고 따뜻하게 세상을 비추는 돋을볕을 보면 기분이 좋지요. 새해 첫날 해맞이를 하는 사람들은 이런 돋을볕을 보고 한 해를 기운차게 시작하기 위해 산이나 동해로 모여든답니다.

73. 돌마낫적

'돌마낫적'은 첫돌이 될락 말락 한 어린아이 때라는 뜻으로 아주 어렸을 때를 비유적으로 표현할 때도 사용하는 말이에요. '그런 돌마낫적 일을 어떻게 기억하니?'와 같이 사용할 수 있어요.

74. 동아리

　동아리는 단순한 모임과는 달리 '축구 동아리', '독서 동아리'처럼 같은 목적이나 뜻을 가지고 모여서 한패를 이룬 무리를 의미해요. 한때는 동아리보다 '서클(circle)'이라는 말을 많이 사용했어요. 이 외에도 '생선 가운데 동아리', '나무 아랫동아리'처럼 긴 물건의 한 부분을 말할 때도 사용해요.

75. 동치다

친구들과 놀다가 넘어져서 무릎이 다쳤어요. 엉엉 울면서 집에 들어왔더니 엄마가 다친 무릎에 약을 바르고, 붕대를 감아준 뒤 호호 불어 주셨어요. 엄마가 붕대를 감아 준 것처럼 작은 물건을 끈이나 실 따위로 칭칭 감거나 둘러 묶는 것을 '동치다'라고 한답니다.

76. 두남두다

'아무리 부족해도 그 사람은 내 편이야!' 이런 대사를 영화나 드라마에서 본 적 있나요? 이렇듯 누군가 분명히 잘못한 일을 두둔하며 편을 들어주는 것을 '두남두다'라고 해요. 이 외에도 애착을 가지고 돌본다는 뜻으로도 사용해요.

77. 두레상

 친척들이 많이 모이는 명절에 평소 먹던 식탁에서 밥을 먹지 않고 커다란 상에 둘러앉아 밥을 먹은 기억이 있나요? 여러 사람이 둘러앉아 함께 먹을 수 있게 만든 커다란 상을 '두레상'이라고 해요.

78. 뒷배

 어렵고 힘든 일이 있을 때 누군가의 도움을 받을 수 있다는 것은 행복한 일이에요. 더군다나 누군가가 겉으로 드러나지 않게 뒤에서 도와준다면 이보다 든든한 일은 없지요. 이처럼 겉으로 나서지 않고 뒤에서 보살펴 주는 일을 '뒷배'라고 한답니다.

79. 드레

　우리 친구들은 어른스럽다는 말을 들어본 적 있나요? 혹은 주변 친구 중에 어른스러운 친구를 본 적 있나요? '드레'는 인격적으로 점잖다는 뜻이에요. 어른스러운 친구들을 보고 '나이에 맞지 않게 드레가 있어 보이는구나.' 이렇게 표현할 때 사용한답니다.

80. 든거지난부자

 실제로 부자가 아닌데 명품 옷을 입고, 비싼 차를 타면서 부자인 척하는 사람들이 있어요. 이런 사람들을 보고 '든거지난부자'라고 한답니다. 반대로 정말 부자인데 겉모습은 가난해 보이는 사람은 '든부자난거지'라고 부르지요.

81. 땅별

 수성, 금성, 목성, 토성 등 우주에는 많은 행성이 있어요. 우리가 사는 행성은 지구이지요. 땅별은 지구를 뜻하는 우리말이에요. 우리의 소중한 땅별이 공기와 물이 오염되고, 땅을 함부로 파헤쳐서 병들고 있어요. 우리 친구들은 땅별을 아끼고 사랑해서 쓰레기 하나라도 함부로 버리지 않도록 해요.

82. 떨이

　떨이는 팔다 조금 남은 물건을 다 떨어서 싸게 파는 일, 또는 그렇게 파는 물건을 말해요. 큰 마트나 시장에 문을 닫을 시간에 가면 이렇게 떨이로 파는 물건들을 볼 수 있어요. 마지막에 남은 것들이기 때문에 흠이 있을 수 있지만, 값이 싸거나 양이 많아서 떨이를 찾는 사람들도 많답니다.

83. 또바기

또바기는 '언제나 한결같이 꼭 그렇게'라는 뜻이에요. 공부나, 청소나, 운동같이 귀찮고 하기 싫어하는 일을 모두 또바기 한다면 훌륭한 사람이 될 가능성이 더 커진답니다.

84. 똬리

 똬리는 물동이나 무거운 것을 머리에 일 때 머리가 아프지 않도록 받치는 고리 모양의 물건이에요. 짚이나 천 등을 틀어서 만들지요. 똬리는 또 '뱀이 똬리를 틀었다'에서처럼 똬리 모양으로 빙빙 틀어 놓은 것을 가리킬 때도 사용해요.

85. 뜬돈

 많은 사람이 매주 큰돈이 당첨되길 꿈꾸며 복권을 사요. 복권 당첨금처럼 뜻하지 않은 우연한 기회에 생긴 돈을 '뜬돈'이라고 해요. 비슷한 의미로 '눈먼 돈', '임자 없는 돈'이라는 말도 사용해요.

엉뚱한 생각을 품고 할아버지처럼
불도장이나 찍히면서 상전의
눈 밖에 난 몽니쟁이가
되지 않기를 원했다.
<문순태, 타오르는 강>

2. ㅁ, ㅂ, ㅅ 으로 시작하는 순우리말

86. 마당놀이

 마당놀이는 마당에서 행해지는 모든 민속놀이를 뜻해요. 연날리기, 씨름, 그네뛰기, 줄다리기, 탈춤 등이 모두 마당놀이에 속하지요. 옛날에는 명절이나 농사가 끝난 한가한 시기에 마당놀이를 하며 잔치를 했답니다.

87. 마뜩잖다

마뜩잖다는 마음에 들 만하지 아니하다는 뜻이에요. '세계 신기록을 놓친 선수의 얼굴에 마뜩잖은 빛이 역력했다' 이렇게 사용된답니다.

88. 마른장마

여름철에 여러 날 계속해서 비가 내리는 것을 장마라고 해요. 그런데 비가 와야 할 장마철에 비가 아주 적게 오거나 맑게 갠 날이 계속되는 이상한 경우도 있어요. 이런 현상을 마른장마라고 해요.

89. 마중물

 여러분은 펌프를 본 적 있나요? 도시에서는 펌프를 보기 어렵지만, 수돗물이 잘 나오지 않는 곳에서는 땅속의 지하수를 끌어올릴 때 펌프를 사용해요. 펌프로 물을 끌어올리기 위해 펌프에 한 바가지 정도의 물을 붓는데 이것을 마중물이라고 해요. 땅속에서 새로 올라오는 물을 맞이한다고 해서 붙은 이름이랍니다.

90. 막다르다

 '막다르다'는 더 나아갈 수 없이 앞이 막혀 있는 것을 의미해요. 다른 선택이나 희망이 없는 아주 위태롭고 절망적인 상황을 표현할 때 '막다른 상황'이라는 표현으로 사용한답니다.

91. 막둥이

 시골에 가면 할머니가 '아이고, 우리 막둥이!' 이런 말을 쓰는 걸 듣거나 본 적 있나요? 막둥이는 막내를 귀엽게 부르는 말이에요. 막내라는 뜻 외에 잔심부름을 하는 사내아이를 표현할 때도 사용해요.

92. 맏물

 과일은 제철에 먹어야 제맛이죠? 봄엔 딸기, 여름엔 수박, 가을엔 감, 겨울엔 귤. 그런데 같은 과일이라도 나온 순서에 따라 서로 다르게 부른답니다. 맏물은 그 해 제일 먼저 거두어들인 것을 의미해요. 반대로 가장 나중에 나온 건 끝물이라고 부른답니다.

93. 말곁

 '말곁'이란 남이 말하는 옆에서 덩달아 참견하는 말을 의미해요. 남이 말하는 옆에서 덩달아 말하는 것을 말곁을 단다고 하고, 남의 어떤 말을 꼬투리로 삼아 말하는 것을 말곁을 챈다고 한답니다. 여러분은 절대로 이런 행동을 하지 마세요.

94. 말미

'말미'란 일정한 직업이나 일 따위에 매인 사람이 말미암아 얻은 겨를을 뜻해요. 말미라는 말은 잘 몰라도 휴가라는 말은 들어본 적 있을 거예요. 말미와 휴가는 같은 말이지만, 말미는 순우리말이고 휴가는 한자로 이루어진 말이에요.

95. 맛깔스럽다

색이나 빛에도 성질이 있듯이 맛에도 성질이 있어요. 색의 성질이 색깔, 빛의 성질이 빛깔이라면 맛의 성질은 맛깔이지요. '맛깔스럽다'는 입에 당길 만큼 음식이 맛있을 때 사용하는 말이에요.

96. 망고하다

 여러분은 망고하면 어떤 게 생각나요? 노랗고 달콤한 과일이 떠오르나요? 우리말로 망고는 연을 날릴 때 얼레의 줄을 모두 풀어주는 것을 의미해요. 얼레의 줄이 모두 풀려서 끝난 것처럼 '망고하다'는 마지막이 되어 끝에 이른다는 의미로 사용해요.

97. 맞갖다

'맞갖다'는 마음이나 입맛에 꼭 맞다는 뜻이에요. 그런데 맞갖다는 '맞갖지 않다'는 말로 더 많이 사용되어요. 우리 친구들은 마음에 맞갖지 않는 것들이 있나요? 맞갖기 않은 것들을 생각해 보고, 정말 나쁜 것이 아니라면 좋아하도록 노력해 보세요.

98. 매실매실하다

　우리 친구들은 매실을 좋아하나요? 상큼한 초록색 매실은 반찬으로도 먹고, 약으로도 쓰이지요. 하지만 '매실매실하다'는 상큼한 뜻이 아니라 얄밉게 행동하는 사람을 표현할 때 사용하는 말이에요. 다른 사람들에게 매실매실하게 행동해서는 안 되겠지요?

99. 매지구름

　구름은 여러 가지 모양과 빛깔을 내지요. 구름의 색깔이 검으면 대개 비가 내리는데, 비를 머금은 검은 조각구름을 매지구름이라 불러요. 흔히 먹구름이라고도 부른답니다. 하늘에 매지구름이 있으면 비가 내릴 징조이니 우산을 꼭 챙기세요.

100. 맥맥하다

 코감기에 걸려 고생한 경험이 있나요? 콧물이 줄줄 흐르거나 코가 막혀 숨쉬기가 힘들고 머리까지 멍하고 아프죠. 코가 막혀서 숨쉬기가 갑갑한 것을 '맥맥하다'라고 말해요. 코가 막힌 게 아니어도 생각이 잘 돌지 않아 답답할 때 '맥맥하다'라고 표현한답니다.

101. 맵시

 아름답고 보기 좋은 모양새를 우리말로 '맵시'라고 해요. 옷을 차려입은 모양이 좋은 것은 '옷맵시'라고 표현해요. 지저분한 옷을 입은 사람보다 단정하고 깔끔하게 옷을 입은 사람이 더 호감이 가지요.

102. 먼산주름

 산 정상에 오르면 멀리 있는 다른 산까지 한눈에 들어오지요. 멀리 있는 산들의 산등성이들이 첩첩이 이어져 마치 주름을 잡은 것처럼 보이는 것을 먼산주름이라 불러요. 정말 주름처럼 보이는지 산에 올라가게 되면 확인해 보세요.

 먼지잼은 '먼지'와 '재운다'라는 말이 결합해서 생긴 말로 비가 겨우 먼지가 날리지 않을 정도로만 적게 온다는 뜻이에요. 먼지잼이라는 말을 알았으니 '비가 참 적게 오는군.'이라 표현하는 것보다 '비가 참 먼지잼으로 오는군.' 이렇게 표현하는 게 더 풍부한 표현이 되겠지요.

104. 모꼬지

친구들과 같이 모여서 맛있는 음식을 먹거나, 재미있는 게임을 하는 건 언제나 즐겁지요. 놀이나 잔치 또는 그 밖의 일로 여러 사람이 모이는 것을 '모꼬지'라고 해요. 우리가 잘 아는 말인 '모임'이랑 비슷한 뜻이지요.

105. 모둠

'오늘은 모둠 활동을 할 거예요' 학교에서 이런 말을 들어 본 적 있을 거예요. 모둠이란 학생들을 대여섯 명 내외로 묶은 모임을 말해요. 혼자 공부하는 것도 좋지만 모둠으로 친구와 함께하면 더 즐겁고 재미있게 공부할 수 있어요.

106. 모르쇠

 말하기 싫거나 자기한테 불리하면 아는 것이든 모르는 것이든 무조건 모른다고 시치미를 뚝 떼는 사람이 있어요. 이렇게 무조건 모른다고 잡아떼는 일을 '모르쇠'라고 해요.

107. 모질다

동화 '신데렐라'의 계모와 언니들을 보면 마음씨가 사납고 지독하지요. '모질다'는 마음씨가 몹시 매섭고 독하다는 뜻이에요. 그런데 '모질다'에는 다른 뜻도 많이 있어요. '기세가 몹시 매섭고 사나운 것', '참고 견디기 힘든 일을 이겨 낼 만큼 억세다', '정도가 심하다'는 의미로 사용되어요. 다양한 뜻이 있으니 상황에 맞게 잘 사용해야 하는 말이랍니다.

108. 몽니

 자기의 정당한 요구가 받아들여지지 않을 때 깨끗이 포기할 수도 있지만, 치사하더라도 심술을 부리고 떼를 쓰기도 하죠. 이렇듯 무엇을 요구하고 주장하기 위해 심술궂고 사납게 구는 성질을 '몽니'라고 해요. 몽니를 잘 부리는 사람을 '몽니쟁이, 몽꾸러기, 몽꾼'이라고도 한답니다.

109. 무던하다

'무던하다'는 너그럽고 수더분한 성격을 표현할 때 사용하는 말이에요. 친구들이 잘못해도 너그럽게 용서해 주는 착한 친구들을 무던한 친구라 표현할 수 있지요. 그 외에도 '음식 솜씨가 무던하다'에서처럼 '정도가 어지간하다'라는 뜻도 있어요.

110. 무서리

서리는 공기 중의 수증기가 땅에 있는 물체에 붙었다가 온도가 내려가면서 얼어붙은 것을 말해요. '무서리'는 늦가을에 처음 내리는 묽은 서리를 뜻해요. 물과 서리가 합해서 만들어진 말이지요.

111. 미리내

 맑은 날 밤하늘을 보세요. 수억 개의 별이 반짝이며 강물처럼 흐르지요. 바로 은하수랍니다. '은빛 강물'이라는 뜻이지요. 그런데 은하수는 한자로 지은 이름이고, 순수 우리말 이름은 '미리내'라고 불러요. 옛날 사람들은 은하수를 바라보며 용이 사는 시내를 떠올렸대요. 그래서 용을 뜻하는 '미르'라는 말과 시내를 합해서 미리내라는 단어가 생겼어요.

112. 미쁘다

'예쁘다'와 비슷해 보이는 '미쁘다'는 무슨 뜻일까요? 미쁘다는 '믿음직하고 진실하다', '미덥다'라는 뜻이고, 예쁘다는 '모양이나 행동이 아름답고 귀엽다'는 뜻이에요. 우리 친구들 모두 미쁘면서도 예쁜 사람이 되도록 노력해요.

113. 미주알고주알

'미주말고주알'은 아주 사소한 일까지 속속들이 말하거나 물어본다고 표현할 때 사용하는 말이에요. '학교에서 있었던 일들을 미주알고주알 이야기했다' 이렇게 쓰이는 말이랍니다.

114. 바라지

'바라지'는 음식이나 옷을 대어 주거나 온갖 일을 돌보아 주는 것을 뜻해요. 뒤에서 보살피며 돌보는 것을 '뒷바라지'라 하고, 아이를 낳은 산모를 돌보아 주는 것을 '해산바라지'라고 부르지요.

115. 바람꽃

 비가 내리기 시작할 때 비꽃이 피는 것처럼, 큰바람이 불기 전에 바람꽃이 피지요. 먼 산에 구름같이 끼는 뽀얀 기운이 바람꽃이랍니다. 바람꽃이 일면 뱃사람들은 바다에 나가지 않아요. 농부들은 바람 피해를 보지 않도록 농작물을 단속하지요.

116. 바루다

 '바루다'는 비뚤어지거나 구부러지지 않도록 바르게 하다는 뜻이에요. '차선을 바르게 하다.' 이렇게 쓸 수 있지만 '차선을 바루다.' 이렇게도 사용할 수 있지요.

117. 박박이

 우리가 흔히 머리나 털을 짧게 자른 사람이나 동물을 장난스럽게 놀릴 때 박박이라고 부르곤 하죠. 하지만 놀리는 의미가 아니라면 '박박이'는 '그러하리라고 미루어 짐작건대 틀림없이'라는 뜻을 가진 전혀 다른 말이 된답니다. '무슨 일이 있어도 내일은 그분이 박박이 올 것이다.' 이렇게 사용될 수 있지요.

118. 박쥐구실

 박쥐는 보기에 따라서 날짐승 같기도 하고 들짐승 같기도 하죠. 이를 보고 마치 박쥐가 환경에 따라 변신한다고 생각해 자기 이익에 따라 이랬다저랬다 하는 사람을 박쥐의 이런 모습에 빗대어 '박쥐구실'이라는 말로 표현한답니다.

119. 발장구

 발장구는 두 발을 위로 들었다 놓았다 하는 모습을 표현할 때 사용하는 말이에요. 수영할 때 발장구를 세게 치면 더 빠르게 앞으로 갈 수 있지요.

120. 밥물림

 갓난아이는 엄마 젖을 떼고 나면 이유식을 먹고, 이유식에 익숙해지면 밥을 먹는답니다. 그런데 아직 이가 제대로 나지 않은 갓난이기가 스스로 밥을 씹어 넘기는 건 쉬운 일이 아니에요. 그래서 밥을 미리 씹어 먹기 좋게 만든 후에 아기에게 먹이기도 한답니다. 이렇게 밥을 미리 씹어서 아기에게 되먹이는 것을 밥물림이라 불러요.

121. 배짱

 배짱은 마음속으로 다져 먹은 생각이나 태도를 굽히지 않고 버티어 나가는 성품이나 태도를 말해요. 비슷한 우리말로는 '보짱' 한자어로는 '배포'라는 말이 있어요.

122. 벋나다

 '벋나다'는 새싹이나 잔가지 같은 것이 바깥쪽으로 향해 나는 것을 말해요. 그런데 사람에게도 '벋나다'라는 말을 쓸 수 있어요. 바른길을 걷지 않고 못된 길로 나가는 것을 '벋나다'라고 한답니다.

123. 벌충

 숙제를 하려고 책상에 앉았는데 이런저런 다른 생각을 하다가 숙제는 안 하고 시간만 낭비했어요. 낭비한 시간을 벌충하려면 집중해야겠지요. 벌충은 잃어버린 것이나 모자라는 것을 보태어 채우는 것을 의미해요.

124. 벼루

 흔히 벼루라면 서예 할 때 먹을 가는 네모난 돌을 생각할 거예요. 하지만 강이나 바닷가에 접한 절벽도 벼루라고 부른답니다. 벼루는 절벽 아래가 강이나 바다로 통하는 몹시 위태로운 벼랑이에요. 이 벼루에 나 있는 험하고 좁은 길은 '벼룻길'이라고 부르지요.

125. 벼리

 강에서 고기를 잡는 어부들은 주로 그물을 사용해요. 그물을 자세히 보면 그물의 위쪽 코를 꿰어 놓은 줄이 있는데 이를 벼리라고 불러요. 벼리를 잡아당겨 그물을 오므리면 강바닥과 그물 사이에 갇혀 있던 물고기가 안쪽으로 접히는 그물에 잡히지요.

126. 보람

'오늘도 보람찬 하루를 보냈다'라는 말이 있지요. 보람은 어떤 일을 한 뒤에 얻어지는 좋은 결과나 만족감, 또는 자랑스러움이나 자부심을 갖게 해 주는 일의 가치를 말해요.

127. 보람줄

앞에서 본 보람에는 또 다른 뜻이 있는데 다른 물건과 구별하거나 잊지 않기 위해 표시를 하는 것, 또는 표시를 한 결과 생긴 표적이라는 뜻도 있어요. 보람줄은 책에 달려서 표시를 할 수 있는 줄을 부르는 말이랍니다.

128. 보송하다

 깨끗하게 샤워하고 보송한 잠옷을 입고 침대에 누우면 정말 기분이 좋지요. '보송하다'는 물기가 없고 보드라운 것을 의미해요. '보송하다'의 뜻을 강조하기 위해 '보송보송하다'라고 말하기도 하지요.

129. 보조개

 우리 친구들 중에 보조개가 있는 친구가 있나요? 보조개는 말하거나 웃을 때 두 볼에 움푹 들어가는 자국을 말해요. 움푹 들어가는 모양이 우물 같다고 해서 볼우물이라고도 해요.

130. 복사뼈

 복사뼈는 발목 부근에 안팎으로 둥글게 나온 뼈를 말해요. 그런데 복사가 뭔지 아시나요? 복사는 과일 중 하나인 복숭아를 줄여서 부르는 말이에요. 뼈의 모양이 복숭아의 씨를 닮았다고 해서 복사뼈가 된 거랍니다.

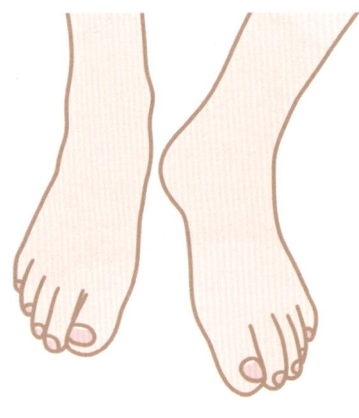

131. 볼기

 사극에서 '죄인의 볼기를 매우 쳐라!'라는 말을 들어본 적 있을 거예요. 그럼 기다란 막대기로 포졸들이 죄인을 사정없이 내리치지요. 볼기란 뒤쪽 허리 아래, 허벅다리 위의 양쪽으로 살이 불룩한 부분을 말해요. 즉, 허벅다리의 윗부분에서 엉덩이까지를 모두 볼기라고 할 수 있지요.

132. 볼멘소리

서운하거나 화가 나면 볼이 부루퉁하게 붓지요. 볼이 부어서 막힌 상태로 하는 말은 퉁명스럽게 느껴지지요. 그래서 성이 나서 퉁명스럽게 하는 말투를 볼멘소리라고 한답니다.

133. 부럼

　음력 1월 15일은 정월 대보름이에요. 대보름에는 여러 가지 풍속이 전해져 내려오는데, 대표적인 것이 '부럼 깨물기'예요. 음력 정월 대보름날 새벽에 깨물어 먹는 땅콩, 호두, 잣, 밤, 은행 따위를 통틀어 부럼이라고 불러요. 부럼을 깨물면 일 년 내내 일이 잘되고 부스럼이 나지 않는다고 하지요.

134. 비아냥거리다

키가 큰 태일이가 감기에 걸려 기침하자 옆에 있던 도영이가 '너는 키만 컸지 정말 약골이구나!'라고 말했어요. 이렇게 상대방을 약 올릴 생각으로 비꼬며 놀리는 걸 '비아냥거리다'라고 해요.

135. 비적비적

　비적비적은 싸 놓은 물건이 좁은 구멍이나 틈새로 여기저기 밖으로 비어져 나오는 모양을 뜻해요. 가방 안에 든 게 많이 있는지, 물건들이 비적비적 비어져 나오는 모습을 표현할 때 쓰이지요.

136. 빔

'빔'은 명절이나 잔치 때에 새 옷을 차려입음, 또는 그 옷이라는 뜻이에요. '설빔'은 설날에 입는 새 옷을 뜻하고, '추석빔'은 추석에 입는 새 옷을 말하죠. 우리 민족은 설이나 추석 같은 명절에 조상에게 감사하는 마음을 표시하기 위해 새 옷을 입었어요.

137. 뼈지다

우리 몸에 뼈는 쉽게 부러지지 않게 아주 단단하지요. '뼈지다'는 뼈처럼 단단하다는 의미로 겉으로는 약한 것 같은데 속은 강하거나 또는 하는 말이 매우 야무진 사람을 표현할 때 사용해요.

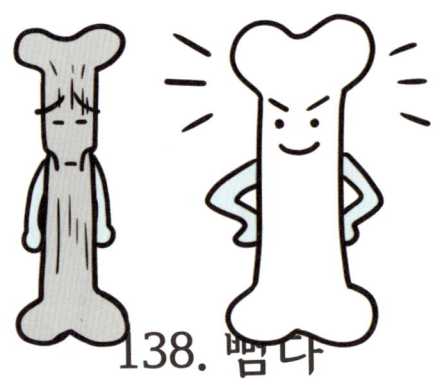

138. 뼘다

엄지손가락으로 바닥을 누르고 중지를 길게 뻗어 한 뼘, 두 뼘 세면서 무언가를 재본 적 있나요? 이렇게 뼘으로 물건의 길이를 재는 행동을 '뼘다'라고 한답니다.

139. 사금파리

'사금파리'는 사기그릇의 깨어진 작은 조각을 뜻해요. 사금파리는 민속놀이에 아주 유용하게 쓰였어요. 땅뺏기 놀이나 땅따먹기 놀이에 둥근 사금파리를 사용했지요. 우리 조상들은 작은 사금파리 하나로도 아주 재미있게 놀았답니다.

140. 사레들리다

　물을 마시거나 음식을 먹다가 숨이 막히면서 기침이나 재채기를 하는 경우가 있었을 거예요. 음식물이 식도로 들어가지 못하고 기도(숨구멍)로 들어갔기 때문이지요. 이렇게 기도에 무언가가 들어가서 기침이나 재채기를 하는 일을 '사레들리다' 또는 '사레들다'라고 한답니다.

141. 사로자다

 근심, 걱정이 많으면 가슴이 뛰고 마음이 조마조마하지요. 일이 손에 잡히지도 않고 잠도 제대로 잘 수 없어요. 이렇듯 어떤 걱정거리나 염려 때문에 마음을 놓지 못하고 자는 둥 마는 둥 하는 것을 '사로자다'라고 말해요.

142. 사리

 식당에서 '라면사리', '국수사리'라는 말을 들어보거나 본 적이 있을 거예요. '사리'는 국수, 실, 새끼 같은 것들을 동그랗게 포개어 감아놓은 뭉치를 뜻해요. 일본어로 착각하는 사람들도 있는데 순수한 우리말이랍니다.

143. 사위다

　수학여행이나 수련회에 가서 캠프파이어를 한 경험이 있나요? 불을 피워 놓고 주위에 둘러앉아 웃고 떠들다 보면 시간 가는 줄 모르지요. 한참 지나면 장작이 다 타서 불이 사그라들고 재가 되는데 이런 모습을 '사위다'라고 해요.

144. 삭신

 날이 좋지 않으면 어른들은 삭신이 쑤신다고 하죠. 삭신은 몸의 근육과 뼈마디를 뜻해요. 하지만 어린아이의 근육과 뼈마디를 삭신이라고 하지 않아요. 너무 많이 써서 지친 어른의 근육과 뼈를 삭신이라고 한답니다.

145. 삭정이

　공원에서 산책하거나 길을 가다 보면 가끔 말라 죽어가는 나무들을 볼 수 있어요. 나무도 생물인 만큼 병에 걸리거나 영양분을 제대로 공급받지 못하면 시름시름 앓게 되지요. 이렇게 말라 죽어가는 나무의 가지를 '삭정이'라고 한답니다.

146. 산돌림

'산돌림'은 이 산 저 산 돌아가며 한 줄기씩 퍼붓는 소나기를 뜻해요. 꼭 산이 아니어도 여기저기 옮겨 다니면서 한 줄기씩 내리는 소나기도 산돌림이라고 부른답니다.

147. 살갑다

'살갑다'는 마음씨가 부드럽고 상냥하다는 뜻이에요. 겉모습이 무뚝뚝해 보이는 사람도 알고 보면 살갑게 지낼 수 있는 사람인 경우가 많이 있지요. 사람의 성품을 표현할 때 말고도 집이나 재산이 겉으로 보기보다는 괜찮다는 뜻으로도 쓰인답니다.

148. 살별

 밤하늘에 긴 꼬리를 그리면서 지나가는 별을 혜성이라고 부르지요. 혜성은 꼬리가 있다고 해서 우리말로 '꼬리별'이라고 불러요. 또 꼬리가 빗자루 같다고 해서 '길쓸별'이라고도 하지요. '살별'도 마찬가지로 혜성을 부를 때 사용하는 말이에요.

149. 살사리꽃

　가을바람에 하늘거리는 코스모스는 멕시코에서 건너왔지만 지금은 어디서든 볼 수 있는 꽃이지요. 우리나라에 들어온 코스모스를 많은 사람들이 살사리꽃이라 불렀어요. 코스모스보다 더 정감 가지 않나요?

150. 살얼음

　겨울이 오면 새벽에 내린 비나 눈이 살짝 얼어서 길바닥을 미끄럽게 만들지요. 이런 얼음을 살짝 언 얼음이라는 뜻으로 살얼음이라 불러요. 살짝만 얼어서 두께가 얇기 때문에 밟으면 그냥 깨지는 얼음이지요. 그래서 '살얼음 밟듯이'라는 표현은 얼음이 깨지게 될 것을 걱정하는 마음으로 행동하는 것, 즉 '매우 조심스럽게'라는 뜻으로 사용한답니다.

151. 새살떨다

 소풍을 가는 전날이면 왠지 들뜬 기분에 잠이 잘 오지 않지요. 어떤 친구들은 들뜬 마음에 장난을 치기도 하고 까불기까지 해요. 이렇게 성질이 차분하지 못하고 가벼워 실없이 수선을 부리는 것을 '새살떨다'라고 해요.

152. 샐쭉하다

 어떤 물건이 우글쭈글하게 삐뚤어진 것을 보고 '일그러지다'고 말하지요. 그중에서 한쪽으로 갸름하게 타원형으로 기울어진 것은 '샐쭉하다'라고 말해요. 타원형을 우리말로 '샐쭉형'이라고 하지요. 달걀이나 럭비공이 샐쭉하게 생긴 물건이랍니다.

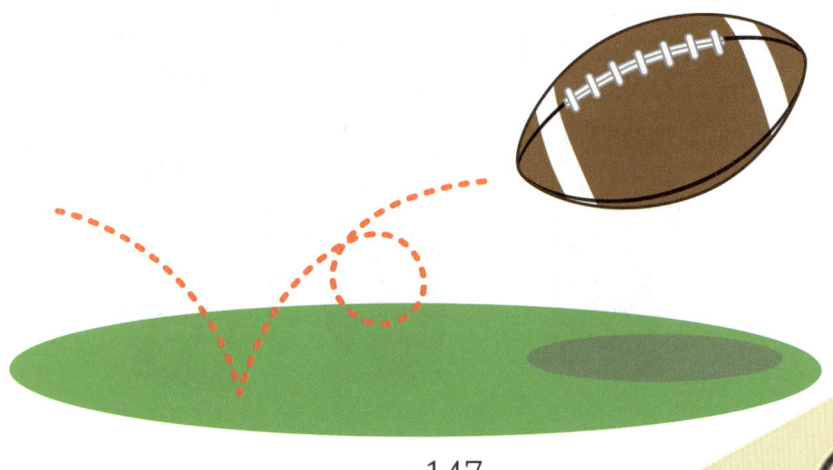

153. 샘바리

 시샘이 전혀 없을 수는 없지만, 시샘이 많으면 유치해 보이지요. 시샘이 많아서 안달하는 사람을 '샘바리'라고 부른답니다. 다른 사람의 부러운 면을 시샘하기보다 칭찬해 주는 게 훨씬 더 좋은 모습이랍니다.

154. 생뚱맞다

'생뚱맞다'라는 말은 코미디 프로그램에서 한 개그맨이 대사로 쓴 덕분에 다시 많이 쓰이게 된 말이에요. 말이나 행동이 앞뒤가 맞지 않고 엉뚱할 때 '생뚱맞다'라고 하지요.

155. 서릿발

 추운 겨울에는 눈이 오지 않더라도 새벽 풍경이 하얗게 보이는 경우가 많이 있어요. 공기 중에 있는 수분이 얼어서 내려앉은 서리 때문이지요. 서리가 땅바닥이나 풀에 엉겨서 삐죽삐죽하게 성에처럼 된 모양이나 그런 기운을 '서릿발'이라 불러요.

156. 서슬

 '서슬'은 쇠붙이로 만든 연장이나 유리 조각 따위의 날카로운 부분을 말해요. 강하고 날카로운 기세를 뜻할 때도 사용하지요. 서슬이 퍼렇다는 말은 잘 베어지도록 갈아진 칼날의 빛깔에 빗대어 표현한 말이랍니다.

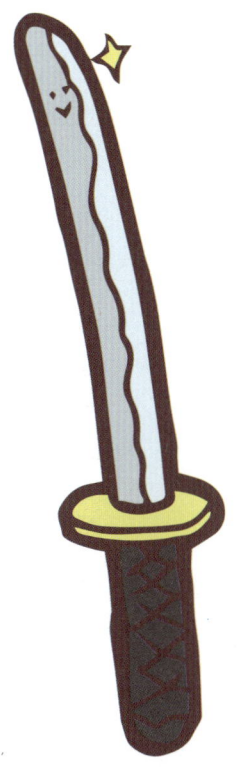

157. 설레발

'설레발치지 말고 얌전히 기다려라.' 이런 말을 들어본 적 있나요? 가만히 있지 못하고 부산스럽게 구는 행동을 설레발이라 말해요. 아무 때나 신난다고 쉽사리 설레발치지 말고 차근차근 준비하는 게 더 좋겠지요.

158. 성엣장

 겨울이 끝나고 봄이 올 무렵이면 얼었던 강물이 녹으면서 얼음조각이 생겨요. 이 얼음조각을 한자어로 '유빙'이라고 하는데, 우리말로는 '성엣장'이라고 한답니다. 성엣장이 보이면 이제 겨울은 끝나고 봄이 온다고 생각할 수 있지요.

159. 소나기밥

 소나기는 갑자기, 한순간에 많이 내리는 비지요. 이런 소나기처럼 평소와 다르게 갑자기 많이 먹는 밥을 '소나기밥'이라고 한답니다. 평소에는 많이 먹지 않던 사람이 갑자기 놀랄 만큼 많이 먹으면 '소나기밥 먹는다'라고 말할 수 있지요.

160. 소담스럽다

 맛있는 과일들이 쟁반에 가득 담겨 있으면 탐스럽다는 생각이 들지요. 이때 '탐스럽다' 대신 쓸 수 있는 말이 '소담스럽다'예요. '쟁반에 과일들이 소담스럽게 놓여 있다.' 이런 식으로 표현할 수 있지요.

161. 소소리바람

 봄바람은 따뜻하고 보드랍지만 때로는 매섭기도 하죠. 이른 봄에 부는 매서운 바람을 '소소리바람'이라고 해요. 소소리바람은 살 속으로 스며드는 듯 차갑지요. 봄이 왔다고 방심하고 있을 때 부는 심술보 가득한 바람이랍니다.

162. 속내

말이 별로 없어서 무슨 생각을 하는지 모르겠는 사람이 있지요. 이런 사람들을 보고 속내를 알 수 없다고 말해요. '속내'는 겉으로 드러나지 않은 속마음을 의미해요.

163. 손방

 누군가 내가 못 하는 일을 할 수 있냐고 물어본다면 그 일을 할 줄 모른다고 대답할 거예요. 그런데 이런 물음에 '나는 그 일에 손방이다.'라고 간단히 대답할 수 있어요. '손방'은 아주 할 줄 모른다는 의미예요.

164. 손사래

　다른 사람의 이야기를 듣고 부정할 때 팔을 휘젓거나 고개를 좌우로 크게 흔들지요. 이렇게 어떤 말 또는 사실을 부인하거나 남에게 조용히 하라고 주의를 줄 때 손을 펴 휘젓는 일을 '손사래 치다', '손사래를 젓다'라고 한답니다.

165. 솔개그늘

 하늘에 높이 뜬 채 빙빙 원을 그리며 먹이를 찾는 솔개는 아주 작게 보이지요. 작은 솔개가 햇빛을 가려서 생기는 그늘 역시 크지 않겠지요. 아마 알아채기조차 힘들 거예요. 이처럼 작아서 있는지조차 모를 정도의 그늘을 솔개그늘이라 불러요. 무더운 여름에는 솔개그늘 밑이라도 찾아서 들어가고 싶을 거예요.

166. 솔다

　두 물체에 풀이나 본드를 발라 놓고 시간이 조금 지난 뒤에 서로 붙이면 접착제가 굳으면서 잘 달라붙지요. 반대로 풀이나 본드를 바르자마자 붙이거나, 한참 뒤 다 굳어서 붙이려고 하면 잘 안 붙지요. 이렇듯 물기가 있던 것이나 상처 따위가 말라서 굳어진 것을 '솔다'라고 표현해요.

167. 숫눈

 눈이 내리면 세상이 온통 순백색으로 변하지요. 아무도 밟지 않은 눈을 쳐다보고 있으면 신비감마저 들 정도예요. 아무도 밟지 않아 쌓인 상태 그대로 있는 눈을 '숫눈'이라고 해요.

168. 숫되다

순진하고 어수룩해 말주변이 부족한 사람을 가리켜 '숫되다' 혹은 '숫하다'라고 표현해요. 서울 경기 지방에서는 '숫기가 없다', 전라도 지방에서는 '숫이 없다'라고도 하지요.

169. 시나브로

　모르는 사이에 어떤 일이 조금씩 느리게 진행될 때 '시나브로'라는 말을 써요. 그런데 이 말은 '가로수가 시나브로 썩고 있다'와 같이 좋을 때보다는 나쁠 때에 더 많이 쓰여요.

170. 시치미

 자기가 그래 놓고도 하지 않은 척, 혹은 알면서도 모르는 척할 때 '시치미를 뗀다'는 표현을 써요. 시치미는 매사냥꾼들이 매의 주인을 알리기 위해 꽁지 털 속에 자기 주소를 적어 매어 둔 네모꼴의 뿔이에요. 남의 매를 훔쳐서 시치미를 떼면 원래 주인이 찾을 수 없기 때문에 '시치미를 떼다'라고 하면 안 한 척, 모르는 척하는 행동을 뜻하게 되었지요.

171. 쌈지

 '쌈지'란 남자 어른들이 담배, 돈, 부시 따위를 싸서 가지고 다니는 주머니로 가죽, 종이, 헝겊 따위로 만들었어요. '주머니 돈이 쌈짓돈'이라는 말은 주머니는 여자 어른들이 주로 지녔던 것이고 쌈지는 남자 어른들이 주로 지녔던 것이니 '그 돈이 그 돈이다', 즉 '네 것 내 것 가릴 것 없다'는 뜻이에요.

김 귀인은 간드러지게 예쁘고
여낙낙하게 고울 뿐이 아니었다.
<박종화, 임진왜란>

3. ㅇ, ㅈ, ㅊ 으로 시작하는 순우리말

172. 아람

 가을이 깊어 가면 각종 과일이 탐스럽게 익어가지요. 뾰족한 밤송이도 벌어져 그 사이로 잘 익은 밤이 고개를 내민답니다. 밤이나 도토리가 충분히 익어 저절로 떨어질 정도가 된 상태, 또는 그런 열매를 '아람'이라고 해요.

173. 아름차다

 힘껏 껴안아도 두 팔이 닿지 않는 커다란 나무를 본 적 있나요? 이렇게 두 팔을 쭉 펴서 둥글게 만들어 생기는 둘레를 '아름'이라고 해요. 두 팔로 안을 때 꽉 차게 되면 힘에 부치겠지요. 그래서 '아름차다'는 힘에 겹다는 뜻이 되었어요.

174. 알음

 알음은 '알다'에서 나온 말이에요. '사람끼리 서로 아는 일'이라는 뜻이지요. 서로 낯이 익은 관계를 '알음이 있다'고 해요. 그리고 어찌어찌하여 서로 알게 된 관계를 '알음알음'이라고 하고, 그렇게 알게 되어 가까워진 관계를 '알음알이'라고 한답니다.

175. 알천

'알천'이란 재물 가운데에서도 가장 값나가는 물건이라는 뜻이에요. 또 음식 가운데 제일 맛있는 음식을 가리키기도 해요. 여러분의 알천은 무엇인가요?

176. 암팡지다

　작고 보잘것없어 보이지만 실속이 있는 걸 표현할 때 작은 고추가 맵다는 속담을 쓰지요. 이런 뜻을 지닌 말이 '암팡지다'예요. '암팡스럽다'라고 할 때는 '몸이 작아도 다부진 면이 있다'는 뜻이 된답니다.

177. 앙금

 흙탕물을 가만히 두면 흙이 아래로 가라앉으면서 위쪽은 맑은 물이 되지요. 이렇게 물에 가라앉은 흙이나 가루를 '앙금'이라고 해요. 그런데 앙금이 있으면 그 물이 깨끗하다 생각하지는 않겠죠? 그래서 '앙금'은 마음 속에 남아 있는 개운치 아니한 감정을 비유적으로 이르는 말에도 사용한답니다.

178. 애먼

　다른 사람이 저지른 일을 엉뚱하게 뒤집어쓰면 참 억울하겠죠. 이렇게 어떤 일의 결과가 다른 데로 돌아가 엉뚱하거나 억울하게 느껴지는 경우 '애먼'이라고 표현해요. '애먼 사람 잡지 마.', '애먼 소리 하지 마라.' 이런 식으로 사용하지요.

179. 애면글면

최선을 다하는 모습은 언제나 아름답지요. 하지만 힘에 겨운 일을 이루려고 안간힘을 다하는 모습은 애처롭게도 보여요. 이렇듯 힘에 부치지만 어떤 일을 이루려고 최선을 다하는 모습을 보고 '애면글면'이라고 한답니다.

180. 얌치

 염치란 체면을 차릴 줄 알며 부끄러움을 아는 마음이에요. '얌치'는 여기에서 변한 말이에요. '얌치'와 어울려 쓰는 말로 '얌치 빠지다'가 있는데, 더할 나위 없이 체면도 부끄러움도 없다는 뜻이에요. '염치가 없다'보다는 '얌치가 빠지다'가 더 얄미운 느낌이 드는 표현이랍니다.

181. 앳되다

'앳되다'는 나이에 비해 어려 보이는 모습을 표현할 때 사용하는 말이에요. '나는 6학년인데, 얼굴이 앳돼서 사람들이 3학년이라고 생각해요.' 이렇게 사용한답니다.

182. 어빡자빡

블록 놀이를 하면서 높은 탑을 쌓을 때 아래위를 잘 맞추지 못하면 곧 무너지게 되지요. 이렇듯 서로 고르지 아니하게 포개져 있거나 자빠져 있는 모양을 '어빡자빡하다'라고 해요. 물건을 쓰고 난 후 어빡자빡하게 쌓아 두어서 보기 싫은 것보다 잘 정리하면 보기도 좋고 칭찬도 들을 거예요.

183. 여낙낙하다

'여낙낙하다'는 성품이 곱고 부드러우며 상냥한 사람을 표현할 때 사용하는 말이에요. 불친절하고 툴툴대는 사람보다 여낙낙한 사람이 여러 사람에게 사랑받을 수 있어요.

184. 여물

 기계가 없던 옛날에는 농사일을 돕는 소나 말이 귀중한 존재였어요. 소나 말 모두 풀을 먹기 때문에 겨울에 먹일 풀을 마련하는 것도 꽤 중요했지요. 소와 말을 먹이기 위하여 말려서 썬 짚이나 마른풀을 '여물'이라고 한답니다.

185. 여우볕

여우는 꾀가 많고 약삭빠른 동물이에요. 동작이 민첩해서 금방 눈앞에 나타났다가 눈 깜짝할 사이에 홀연히 사라지지요. 이런 여우처럼 비나 눈이 오는 날 잠깐 났다가 숨어 버리는 햇볕을 여우볕이라고 한답니다.

186. 여울

거북선을 만들어 수많은 왜적을 물리친 이순신 장군은 바다의 지형지물을 잘 이용했어요. 가장 대표적인 전투로 진도 앞바다의 울돌목을 이용해서 왜적을 물리친 명량해전이 있지요. 울돌목과 같이 물길의 폭이 갑자기 좁아지거나 수심이 얕아져서 물살이 빠른 곳을 '여울'이라고 한답니다.

187. 여의다

'여의다'는 가까운 사람과 이별을 말해요. 죽어서 이별하거나, 멀리 떠나보내면서 하는 이별이지요. '부모를 여의다' 하면 부모님이 돌아가신 것을 말해요. 누군가를 여의는 것은 참 슬픈 일이랍니다.

188. 오지랖

'오지랖 넓다'라는 말을 들어 본 적 있나요? 이 말은 쓸데없이 여기저기 참견하기 좋아한다, 또는 염치없이 행동한다는 뜻이에요. 여기서 '오지랖'은 윗도리에 입는 겉옷의 앞자락을 뜻해요. 겉옷의 앞자락이 넓으면 그만큼 옷에 닿는 곳이 많다는 뜻이니 참견하기를 좋아하는 사람에 비유할 수 있지요.

189. 올곧다

 우리가 위인이라 부르며 존경하는 사람들은 대개 강직한 성품을 가지고 있어요. 이처럼 성품이 강직한 것, 즉 마음이나 정신 상태가 바르고 곧은 것을 가리켜 '올곧다'라고 해요.

190. 옴니암니

'옴니'는 '어금니'를, '암니'는 '앞니'를 가리켜요. 어금니나 앞니나 다 같은 '이'이고, 또 각각 담당하는 역할이 있는 소중한 존재이지요. 그런데 어금니는 어떻고, 앞니는 어떻고 하면서 따진다면 자질구레한 것까지 좀스럽게 따진다 생각이 들겠지요. 이런 모습을 보고 '옴니암니 쓴다'고 표현한답니다.

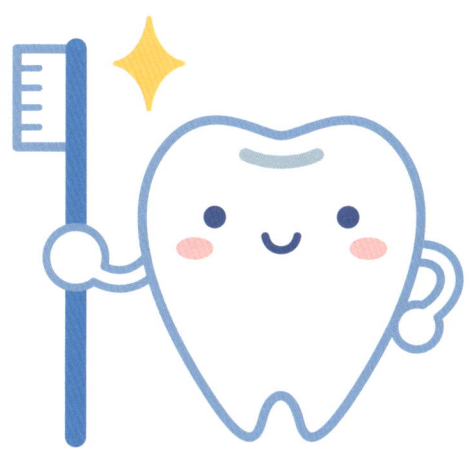

191. 옹알이

 말을 배우기 전까지 아기들은 '음음', '아~우', '음마' 등 뜻 모를 소리를 내요. 이런 소리를 '옹알이'라고 한답니다. 아기가 옹알이할 때, 마치 대화하듯 받아주면 말을 배우는 데 도움이 된다고 해요.

192. 우세스럽다

됨됨이가 제대로 되지 못한 사람은 다른 사람에 비웃음을 사게 되지요. 이렇듯 남에게 놀림 또는 비웃음을 당하는 일이나 그 비웃음을 표현할 때 '우세스럽다'라고 해요.

193. 우수리

슈퍼에서 1,500원짜리 아이스크림을 사고 2,000원을 냈다면 거스름돈 500원을 받을 거예요. 이처럼 물건값을 빼고 거슬러 받는 잔돈이 생기는 경우가 있는데 이런 잔돈을 '우수리'라고 해요.

194. 울레줄레

 맛집이라 소문난 식당에는 식사 시간 전부터 많은 사람이 줄을 서서 기다리는 모습을 볼 수 있어요. 이렇게 크고 작은 사람들이 앞서거니 뒤서거니 뒤따르거나 늘어선 모양을 '울레줄레 모여있다'고 말해요.

195. 윤슬

바닷가나 호숫가에 가면 바람에 찰랑이는 아름다운 물결이 일렁이는 소리는 참 기분 좋게 들리지요. 햇빛이나 달빛에 비쳐서 반짝이는 잔물결을 '윤슬'이라고 해요. 정말 예쁜 말이라 이름에도 많이 쓰인답니다.

196. 이내

 빌딩 숲이 빼곡한 도시와 달리 시골에 가면 자연과 어우러져 공기가 정말 좋지요. 특히 시골에서 해 질 무렵 들판이나 산 밑을 바라보면 멀리 푸르스름하고 흐릿한 기운이 보이는데 이를 '이내'라고 한답니다. 드넓은 자연이 있는 시골에 가게 되면 이내를 찾아보세요.

197. 자리끼

 물이 없으면 사람은 살아가기 힘들어요. 목이 마르면 밤에 곤히 자다가도 일어나서 물을 찾게 되지요. 옛날에는 방과 주방이 멀리 떨어져 있어서 물을 뜨려면 신발을 신고 나가야 했기 때문에 잠들기 전 잠자리 머리맡에 물을 준비해 두었어요. 이런 물이 '자리끼'랍니다.

198. 자밤

　엄마들이 요리할 때 보면 재료의 양을 정확히 측정해서 하지 않는 데도 정말 맛있지요. 하지만 엄마들에게 재료를 얼마큼 사용했는지 물어보면 숫자로 정확히 대답하기 어려울 거예요. '자밤' 또한 대강의 느낌을 기준으로 만들어진 단위예요. 나물이나 양념 따위를 손가락 끝으로 집을 만한 분량이라는 뜻이지요. '요리는 손맛'이라는 말이 괜히 생긴 게 아니랍니다.

199. 작달비

 여름철 장맛비는 굵고 거세요. 굵고 거센 비가 지붕이나 바닥에 떨어지면 요란한 소리가 나지요. 이렇듯 굵고 거세게 퍼붓는 비를 '작달비'라고 해요. 비슷한 의미로 '장대비'가 있지요.

200. 정강말

 자동차가 없어서 대중교통을 이용하는 사람을 가리켜 '뚜벅뚜벅' 걷는 모양을 흉내 내어 '뚜벅이'라고 하지요. 그런데 자동차가 없던 시대에는 말이나 마차를 이용했기 때문에 조금 다르게 표현했어요. 정강이가 말 노릇을 해준다는 뜻으로 '정강말'이라는 말을 사용했답니다.

201. 조각하늘

 고개를 들어 하늘을 보면 그 모양이 제각각이지요. 구름 한 점 없는 파란 하늘이 있는가 하면, 구름에 온통 뒤덮인 검은 하늘도 있어요. 그리고 구름 사이로 파란 하늘이 군데군데 보이는 하늘도 있지요. 이처럼 구름이 온통 뒤덮인 가운데 듬성듬성 보이는 하늘을 '조각하늘'이라 말해요.

202. 존조리

 누군가 잘못해서 혼낼 때 마구 윽박지른다면 혼내는 사람이나 혼나는 사람이나 기분이 안 좋겠지요. 차근차근 잘 말하는 것이 가장 바람직해요. 이렇듯 누군가를 나무라거나 타이를 때 조리 있고 친절하게 하는 것을 '존조리 나무라다', '존조리 타이르다'라고 말해요.

203. 종요롭다

 시계에는 시침과 분침이 꼭 필요하고, 전등에는 전구가 꼭 필요하지요. 이렇듯 없어서는 안 될 정도로 매우 긴요한 것을 '종요롭다'라고 한답니다.

204. 종주먹

 상대를 공격하고자 할 마음이 있으면 주먹을 불끈 쥐고 때를 기다리다 주먹을 날리게 되지요. 하지만 주먹을 날리지 않고 쥐기만 해도 상대에게는 위협적으로 느껴질 거예요. 이렇듯 상대를 위협하는 뜻으로 쥐어 보이는 주먹을 '종주먹'이라고 한답니다.

205. 지짐지짐

 비가 한참 오다가 개면 상큼한 느낌이 들지요. 온갖 찌든 때와 먼지가 한꺼번에 쓸려나가기 때문이랍니다. 그런데 작은 비가 오다 말다 반복되면 지루하고 또 기분도 가라앉게 되지요. 이렇듯 조금씩 내리는 비가 자꾸 오다 말다 하는 모양을 '지짐지짐'이라고 한답니다.

206. 찜부럭

싫증 나는 마음을 겉으로 드러나게 표현하면 짜증이라고 해요. 그중에서도 몸이나 마음이 괴로울 때 걸핏하면 내는 짜증을 '찜부럭'이라 말해요. '찜부럭하다'라고 하면 '몸이나 마음이 괴로워 짜증이 나다'라는 뜻이랍니다.

207. 참살

피자나 햄버거, 치킨같이 칼로리가 높은 음식을 많이 먹고 운동을 게을리하면 살이 찔 수밖에 없어요. 이렇게 찐 살을 군더더기가 있는 살이라고 '군살'이라 말해요. 군더더기 없이 찐 살을 '참살'이라 하지요. 군살이 찌면 뚱뚱하고 게을러 보이지만 참살은 통통하고 건강해 보인답니다.

208. 추레하다

비싼 옷은 아니지만, 항상 깨끗하고 단정하게 입은 사람도 있지만 그렇지 않은 사람도 있지요. 이렇듯 겉모양이 깨끗하지 못하고 생기가 없는 것을 '추레하다'라고 해요. 태도가 너절하고 고상하지 못한 것도 '추레하다'라고 표현하지요.

209. 치받이

  비탈진 곳에서 위쪽으로 향한 방향을 '오르막' 또는 '치받이'라고 해요. 반대말을 '내리막' 또는 '내리받이'이지요. 위쪽을 쳐다본다는 뜻의 '쳐다보다'는 원래 '치어다보다'였어요. 그러니 '치'에는 '위쪽'이라는 뜻이 숨어져 있지요.

210. 치사랑

  여기까지 우리 책을 잘 읽은 친구라면 '내리사랑'이 어떤 말인지 알고 있지요? '내리사랑'과 반대로 손아랫사람이 손윗사람을 사랑하는 것을 '치사랑'이라고 한답니다. '내리사랑'을 받았다면 '치사랑'도 해야겠지요?

팔십 전을 손에 쥔 김첨지의
마음은 푼푼하였다.
<현진건, 운수 좋은 날>

4. ㅋ, ㅌ, ㅍ, ㅎ 으로 시작하는 순우리말

211. 칼벼락

'벼락'과 '번개'는 비슷하면서도 달라요. '벼락'은 전기가 하늘에서 땅으로, 또는 구름과 구름 사이로 흐르는 현상을 말하지만 '번개'는 벼락이 칠 때 보이는 불꽃을 말하죠. '천둥'은 벼락이 칠 때 나는 커다란 소리를 뜻해요. 벼락은 굉장히 규모가 크고 위력이 센 자연 현상이라 이 말을 이용한 표현이 많이 있어요. 그 가운데에서도 '칼벼락'은 날카로운 칼처럼 몹시 호된 벼락이라는 뜻으로 주로 크게 호통을 치거나 혼쭐이 나는 것을 표현할 때 사용해요.

212. 키대

'키대'는 키의 생김생김이나 모양새를 뜻해요. 키가 크고 작음에 따라 사람의 모습이 달라 보이기도 하지요. 그러나 키가 무조건 크다고 다 좋은 건 아니랍니다. 키만 크고 실속이 없다면 키가 작아도 실속이 있는 사람보다 못하기 때문이지요.

213. 타래

 동그랗게 감아서 뭉쳐 놓은 실이나 노끈 뭉치, 또는 그런 뭉치를 세는 단위를 '타래'라고 해요. 실타래는 공 모양이지만 새끼 타래는 마치 철물점에서 파는 고무호스 뭉치처럼 기계로 감지요.

214. 텃밭

 집 가까이에 작은 공터가 있으면 작은 밭을 만들어 채소를 길러 먹는 사람들이 있어요. 바로 그 작은 밭을 '텃밭'이라고 해요. 텃밭에서 직접 키운 상추나 깻잎 같은 채소는 사서 먹는 것보다 더 맛있지요.

215. 터울

 우리 친구들은 언니나 오빠, 동생이 있나요? 있다면 나랑 나이 차이가 얼마나 나나요? 이렇게 형제자매 사이의 나이 차이를 '터울'이라 해요. 보통 형제자매가 두 명일 때보다는 셋 이상일 때 터울이라는 말을 사용한답니다.

216. 투그리다

 강아지나 고양이가 낯선 사람을 보고 처음부터 무턱대고 공격하지는 않아요. 처음에는 으르렁거리며 잔뜩 노려보며 경계하지요. 이런 모습을 '투그리다'라고 해요. 물론 '투그리다'가 동물에게만 쓰이는 것은 아니에요. 사람이 상대방을 공격하기 위해 잔뜩 벼르고 있는 모습을 표현할 때도 사용한답니다.

217. 틀거지

　우리의 안전을 지켜주는 군인이나 경찰은 겉모습이 듬직하고 위엄이 있어야 안심이 되지요. 이러한 겉모양을 '틀거지'라고 해요. 틀거지가 있는 것을 간단하게 '틀지다'라고 한답니다.

218. 포실하다

'포실하다'는 눈이나 비, 연기, 안개, 빛 따위의 양이 많다는 뜻이에요. 양이 많다는 의미가 살림살이에도 적용되어 살림이나 물건 따위가 넉넉하고 오붓함을 표현할 때도 사용해요.

219. 푸새

'푸새'는 사람이 일부러 키운 풀이 아닌 산과 들에서 자연스럽게 자란 풀을 말해요. 비슷한 말로 '푸성귀'가 있는데 '푸성귀'는 사람이 가꾼 채소를 표현할 때 사용하는 말이에요.

220. 푼푼하다

'푼푼하다'는 모자람 없이 넉넉하다는 뜻이에요. 비슷한 말로 '푸짐하다', '푸지다'가 있지요. 많이 쓰이는 '푸짐하다'보다 '푼푼하다'를 사용하면 더 표현력 있는 말이나 글처럼 보일 거예요.

221. 품앗이

'품'이란 어떤 일을 하는 데 드는 노력이나 수고를 뜻해요. '품앗이'는 서로의 품을 빼앗아 주기 위해 일을 거들고 갚는다는 의미로 우리의 아름다운 풍습이랍니다.

222. 하분하분

'하분하분'은 물기가 있는 물건이 조금 연하고 무른 모양을 표현할 때 사용하는 말이에요. 자주 쓰는 말이 아니라 어색할 수 있지만 '방금 쪄낸 고구마가 하분하분해서 껍질이 잘 벗겨진다' 이렇게 사용한답니다

223. 함함하다

'고슴도치도 제 새끼는 함함하다고 한다'라는 속담이 있어요. 부모님 눈에는 제 자식이 다 멋있고 예뻐 보인다는 뜻이지요. '함함하다'는 원래 털이 보드랍고 반지르르하다는 뜻이에요. 바늘처럼 뾰족한 고슴도치 털을 '함함하다'고 표현했으니 그만큼 자기 자식 털은 부드럽게 느껴진다는 의미겠지요?

224. 허섭스레기

 계절이 바뀌어 집을 정리할 때 깔끔하고 자주 쓰는 물건을 정리하고 나면 오래된 옷, 망가진 필기구, 오래전 학교에서 받은 안내문 등 별로 쓸모가 없는 물건이 많이 나오지요. 이처럼 좋은 것이 빠지고 난 뒤에 남은 허름한 물건을 '허섭스레기'라고 해요. 즉, 쓸모가 없어서 버려야 할 물건이라는 뜻이지요.

225. 헛헛하다

음식을 먹으면 속이 차서 포만감을 느끼지요. 그런데 음식을 금방 먹었는데도 속이 빈 것처럼 자꾸만 또 먹고 싶을 때가 있어요. 이럴 때 '헛헛하다'라는 말을 써요. 이런 헛헛한 증세를 '헛헛증'이라고 해요. 헛헛증에 걸리면 자꾸 음식을 먹고 싶어진답니다.

226. 헤살

 옛날에는 여자아이들이 고무줄놀이를 하는 곳에 남자아이가 뛰어들어 훼방을 놓는 일이 종종 있었어요. 이렇게 어떤 것을 짓궂게 훼방하는 행동을 '헤살'이라고 해요. 그런 행동을 하는 것을 '헤살을 놓다', '헤살을 부리다'라고 한답니다.

227. 활개

'활개'는 활짝 편 두 팔과 다리를 의미해요. 퍼덕거리는 새의 두 날개도 활개라 하지요. 사람의 팔다리와 새의 날개처럼 힘찬 기운으로 의기양양하게 휘젓고 다니는 몸짓을 '활개 친다'고 표현해요.

228. 황소숨

달리기를 하고 나면 숨이 가빠져서 거칠게 숨을 쉬게 되지요. 이런 가쁜 숨을 과장되게 표현한 말이 '황소숨'이랍니다. 파헤치기 힘든 자갈밭을 힘써 가느라 숨을 몰아쉬는 황소처럼 숨을 쉰다는 뜻이지요.

229. 회두리

'회두리'는 맨 끝이나 맨 나중에 돌아오는 차례를 의미해요. 선착순으로 상품을 준다거나, 맛있는 음식을 순서대로 맛보게 해 준다면 회두리가 불리하지만, 마지막이라 남은 물건이나 음식을 덤으로 줄 수도 있지요. 마지막이라고 무조건 나쁜 건 아니랍니다.

230. 휘뚜루마뚜루

 어떤 일을 할 때 처음에 계획을 잘 세우면 어려워 보이는 일도 쉽게 마칠 수 있어요. 이와 반대로 무계획하게 손에 닿는 대로 일하면 힘들지요. 이렇게 이것저것 가리지 아니하고 닥치는 대로 마구 해치우는 모양을 '휘뚜루마뚜루'라고 해요.

빙글빙글 순우리말 놀이

발행일 초판 1쇄 2022년 5월 9일
3쇄 2025년 9월 30일

엮은이 걸음마 **펴낸이** 강주효 **마케팅** 이동호
편집 이태우 **디자인** 하루
펴낸곳 도서출판 버금 **출판등록** 제353-2018-000014호
전화 032)466-3641 **팩스** 032)232-9980
이메일 beo-kum@naver.com
블로그 blog.naver.com/beo-kum
제조국 대한민국 **사용연령** 8세 이상
주의사항 종이에 베이거나 긁히지 않게 조심하세요.

ISBN 979-11-964458-7-8 73710
값 12,000

ⓒ 2022 걸음마
잘못된 책은 구입하신 곳에서 교환해 드립니다.
이 책의 저작권은 도서출판 버금에 있습니다.